Ernst Probst

Simone Signoret - Frankreichs Sexsymbol der 1950-er Jahre

GRIN Verlag

Bibliografische Information der Deutschen Nationalbibliothek:

Die Deutsche Bibliothek verzeichnet diese Publikation in der Deutschen Nationalbibliografie; detaillierte bibliografische Daten sind im Internet über http://dnb.d-nb.de/ abrufbar.

Impressum:

Druck und Bindung: Books on Demand GmbH, Norderstedt Germany
ISBN: 978-3-656-16089-2

Dieses Buch bei GRIN:

http://www.grin.com/de/e-book/191277/simone-signoret-frankreichs-sexsymbol-der-1950-er-jahre

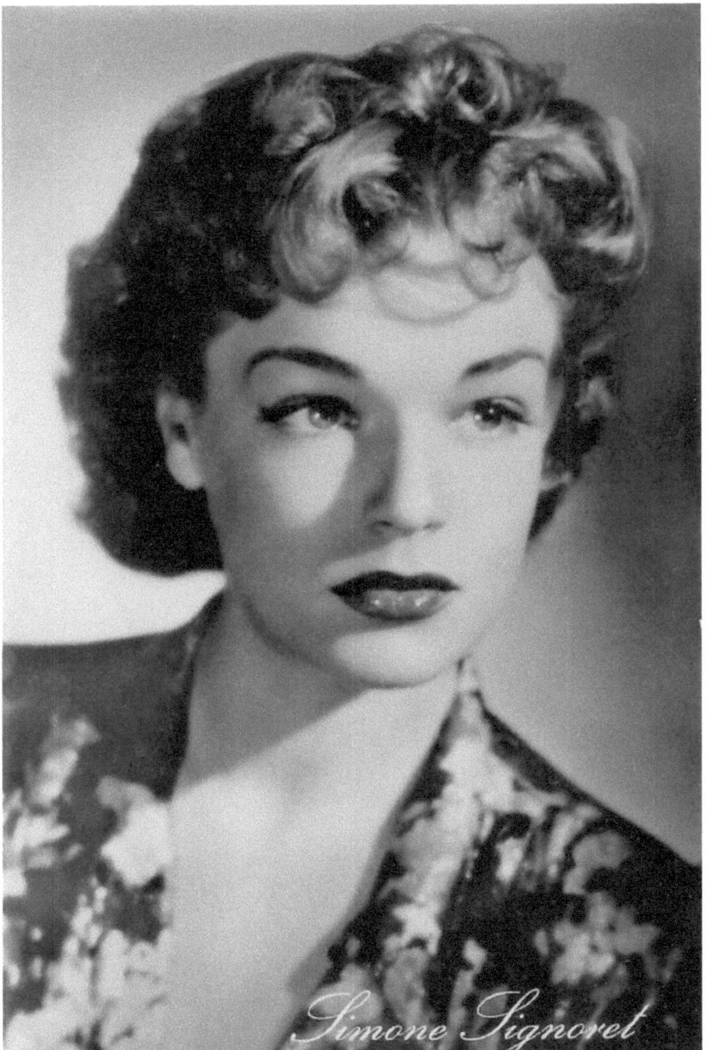

Simone Signoret (1921–1985)

Ernst Probst

Simone Signoret

Frankreichs Sexsymbol
der 1950-er Jahre

Beate Werner,
Bernd Werner,
Marianne Werner,
Otto Werner,
Sonja Werner,
Dr. Jochen Werner,
Christine Werner und
Steffen Werner
gewidmet

Simone Signoret

Frankreichs Sexsymbol der 1950-er Jahre

Eine der attraktivsten Frauen in der Geschichte des Films dürfte in ihren jungen Jahren die französische Schauspielerin Simone Signoret (1921–1985), geborene Simone Henriette Charlotte Kaminker, gewesen sein. Dank ihrer feinen Gesichtszüge, ihrer starken Sinnlichkeit und ihres erotischen Mundes galt sie als Frankreichs Sexsymbol der 1950-er Jahre. Später rühmte man ihre Charakterstärke und ihren Mut zur Hässlichkeit. In ihren eindrucksvollsten Rollen spielte sie besessene Liebhaberinnen oder Prostituierte. Ihre Spielweise stand unter Einflüssen des italienischen Neorealismus.

Simone Henriette Charlotte Kaminker kam am 25. März 1921 als erstes von drei Kindern des französischen Offiziers André Kaminker (1888–1961) und seiner Ehefrau Georgette Kaminker, geborene Signoret, in Wiesbaden zur Welt. Ihr Vater arbeitete nach dem Ersten Weltkrieg (1914–1918) für die französische Besatzung in Deutschland. Ihre beiden jüngeren Brüder wurden später in Frankreich geboren.

1923 kehrte die Familie Kaminker nach Frankreich zurück und bezog in Nieully-sur-Seine, einem Vorort

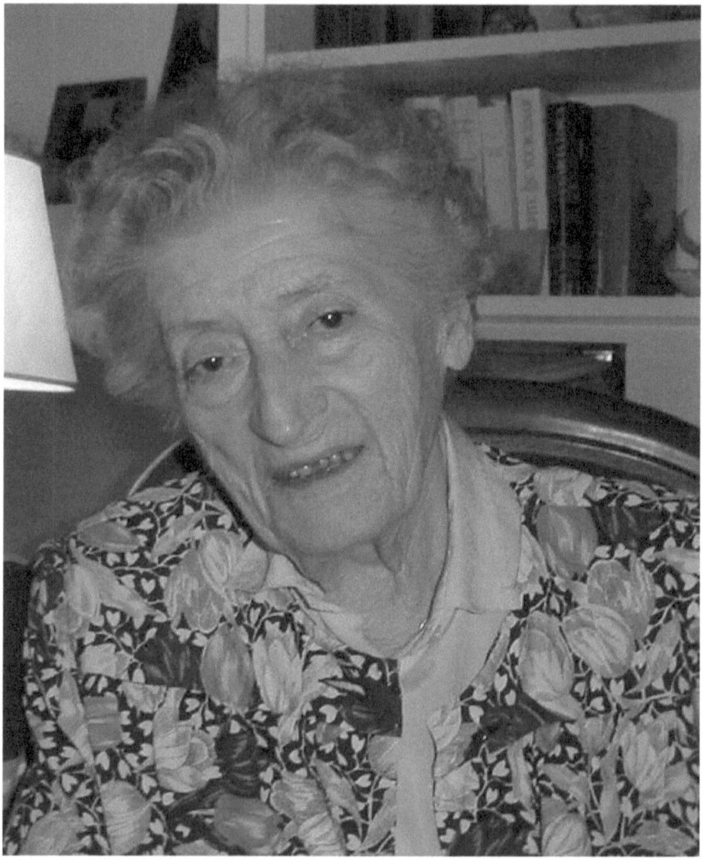

Geschichtslehrerin Lucie Samuel
bzw. Widerstandskämpferin „Lucie Aubrac" (1912–2007)

von Paris, eine Wohnung. Dort ging Simone in den Kindergarten und später im „Lycée Pasteur“ zur Schule. 1930 bekam sie einen jüngeren Bruder namens Alain. Ihm folgte 1932 ihr jüngster Bruder Jean Pierre.
André Kaminker hatte eine polnisch-jüdische Herkunft und war in seinem Beruf als Dolmetscher ein Meister seines Faches. Er sprach fließend Französisch, Englisch, Deutsch und Spanisch. In den 1930-er Jahren dolmetschte er bei großen internationalen Konferenzen. Ihm wird ein geradezu unglaubliches Gedächtnis nachgesagt. Angeblich konnte er eine Rede mit einer Länge von mehr als anderthalb Stunden ohne Notizen korrekt und vollständig wiedergeben oder eine Seite aus dem Telefonbuch mit allen Namen und Nummern aufsagen.
An einem Abend im Jahre 1934 kam André Kaminker vollkommen erschöpft nach Hause, nachdem er eine Rede des nationalsozialistischen Diktators Adolf Hitler (1889–1945) auf dem Reichsparteitag in Nürnberg gedolmetscht hatte. Nach Ausbruch des Zweiten Weltkrieges (1939–1945) erschien Paris der Familie Kaminker unsicher. Deshalb lebte sie fortan in Saint-Gildas-de-Rhuys (Departement Morbihan), wo sie sonst Sommerurlaub machte. Simone besuchte eien Lyzeum in Vannes. Eine ihrer Lehrerinnen war Lucie Samuel, die später als „Lucie Aubrac“ (1912–2007) für die Widerstandsbewegung Résistance“ kämpfte. Mit 19 Jahren absolvierte Simone im Frühjahr 1940 ihr Abitur.

Im Juni 1940 wurde Saint-Gildas-de-Rhuys von deutschen Soldaten besetzt. Nachdem jemand verriet, dass die Kaminker-Kinder einen jüdischen Vater hatten, musste die Familie binnen 24 Stunden den Ort verlassen und kehrte nach Paris zurück. Danach floh die Familie Kaminker 1940 nach London. Noch im selben Jahr kehrte Simone mit ihrer Mutter und ihren beiden Brüdern Alain und Jean Pierre nach Paris zurück. Ihr Vater blieb zurück in England. Er arbeitete während der deutschen Besetzung von Frankreich für den französischen Rundfunksender „France Libre“ und einige Male als Dolmetscher für General Charles de Gaulle (1890–1970), der von London aus die Fortsetzung des französischen Widerstandes organisierte.
Nach der Rückkehr in Frankreich war Simone der einzige Ernährer für ihre Mutter und ihre Brüder. Da sie als so genannte „Halbjüdin“ galt, tarnte sie sich mit dem Mädchennamen „Signoret“ ihrer Mutter. Von September 1940 bis Juni 1941 arbeitete sie als Sekretärin für die opportunistische Zeitung „Les nouveaux temps“. Dieses Blatt war von Jean Luchaire (1901–1946), dem Vater ihrer Mitschülerin und späteren Schauspielerin Corinne Luchaire (1921–1950), gegründet worden. Ihre Mutter verließ Neuilly-sur-Seine und zog mit den zwei Söhnen, die mittlerweile aus Schutz vor Verfolgung durch die Deutschen den protestantischen Glauben erhalten hatten, in das unbesetzte Südfrankreich nach Valréas, etwa 65 Kilometer von Avignon entfernt. Dort

lebte die Mutter während der Besetzung Frankreichs und arbeitete als Wäscherin.
Simone Signoret verbrachte ab 1941 ihre Freizeit gern in Pariser Künstler- und Intellektuellenkreisen, die sie der französischen „Kommunistischen Partei" nahe brachten. Außerdem engagierte sie sich für die französische Widerstandsbewegung „Résistance".
Um ihre bescheidenen Finanzen aufzubessern, arbeitete Simone Kaminker, die damals den Spitznamen „Kiki" hatte, auch als Komparsin beim Film. Erste kleine Nebenrollen spielte sie in „Boléro" (1942), wo sie noch nicht im Abspann erwähnt wurde, und in „Le prince charmant" (1942). Dadurch erwachte ihr Ehrgeiz und sie nahm Schauspielunterricht. Es folgte eine größere Nebenrolle in „Les visiteurs du soir" („Die Nacht mit dem Teufel", 1942). Während der Besetzung Frankreichs durch die Deutschen fürchtete sie stets, als Halbjüdin entdeckt zu werden.
Bei Dreharbeiten lernte Simone Signoret den französischen Regisseur Yves Allégret (1907–1987) kennen, der früher Sekretär des russischen Revolutionärs Leo Trotzki (1879–1940) gewesen war. 1944 heirateten die Signoret und Allégret. Aus dieser Ehe ging am 16. April 1946 die Tochter Catherine hervor. Von Allégret erhielt Simone Signoret ihr erstes wesentliches Rollenangebot in dem Film „Les Démons de L'Aube" (1946). Für den Streifen „Macadam" („Zur roten Laterne", 1946), in dem sie eine Prostituierte spielte, verlieh man ihr 1947

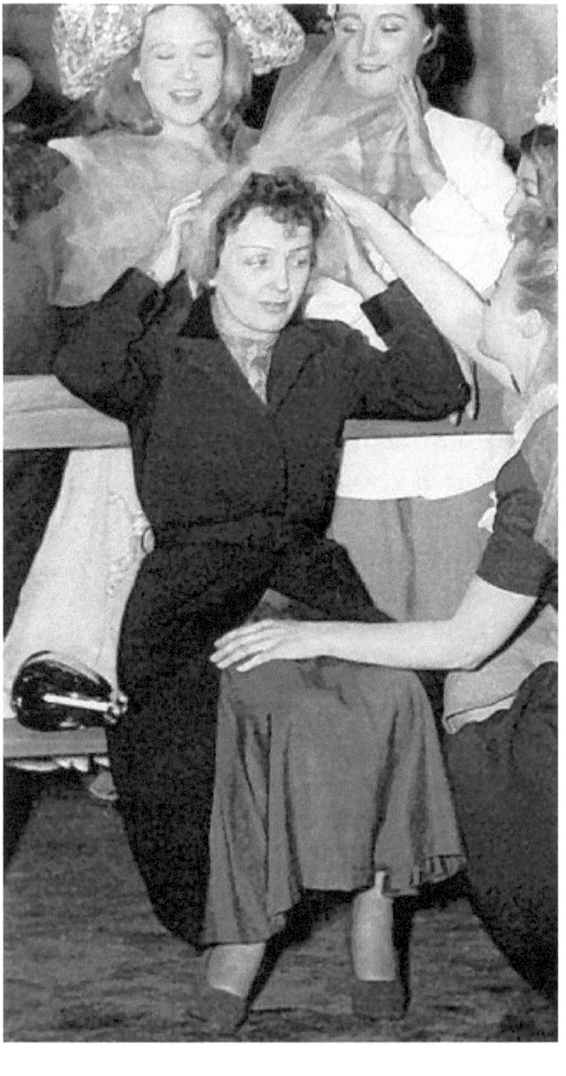

Edith Piaf (1915–1963), der „Spatz von Paris“

den „Suzanne-Bianchetti-Preis“ als beste Nachwuchsdarstellerin.
Zu Simone Signorets unvergessenen Filmen zählen „L'ange de la nuit“ („Engel der Nacht“, 1942), „Fantomas“ (1947), „Dédée d'Anvers“ („Schenke zum Vollmond“, 1948), „Manèges“ („Eine Frau im Sattel“, 1949), „La traqué“ („Unterwelt von Paris“, 1950), „La ronde“ („Der Reigen“, 1950), „Casque d'or“ („Goldhelm“, 1951), „Thérèsè Raquin“ („Therese Raquin – Du sollst nicht ehebrechen“, 1953), „Les diaboliques“ („Die Teuflischen“, 1954) und „La mort en ce jardin“ („Pesthauch des Dschungels“, 1956).
Nach dem Zweiten Weltkrieg arbeitete André Kaminker als Dolmetscher der französischen Delegation in Nürnberg, jedoch nicht beim „Nürnberger Prozess“ im Gerichtssaal. Er engagierte sich sehr für die Dolmetscher im Europarat und bekam den Spitznamen „Sir Boss“. Ab 1945 war er lange Zeit erster Chefdolmetscher für die „United Nations Organization“ („UNO“) in New York City.
Filmreif war an einem schönen Sommerabend im August 1949 die Szene des Kennenlernens von Simone Signore mit dem französischen Chansonnier und Filmschauspieler Yves Montand (1921–1991), bei der es zwischen den Beiden funkte. Montand, der gerade eine dreijährige Beziehung mit der Chansonsängerin Edith Piaf (1915–1963) hinter sich hatte, betrat damals die Terrasse des Hotels „Colombe d'Or“, eines beliebten

Künstlertreffs in St.-Paul-de-Vence im hügeligen Hinterland der Cote d'Azur. Dort erblickte er die stahlendschöne und leuchtendblonde Simone Signoret, die von einem Schwarm Tauben umgeben war. Montand traf, wie er später erzählte, ihr Anblick bis ins Mark. Sofort wusste er. „Das ist die Frau meines Lebens!" Er kannte zwar ihren Namen, sie aber noch nicht persönlich und beschloss, auf sie zuzugehen und anzusprechen, ohne die Tauben aufzuschrecken. Noch bevor die Sonne an jenem Abend unterging, waren Yves und Simone wie zwei verliebte Täubchen.

Simone Signoret war damals 28 Jahre alt, glücklich mit Yves Allégret verheiratet und Mutter einer dreijährigen Tochter Einige Tage später kam ihr ahnungsloser Ehemann nach St.-Paul-de-Vence. Aber zu diesem Zeitpunkt hatte er Simone bereits verloren, sie hatte sich Hals über Kopf in Montand verliebt. Damit ihr Gatte die betrübliche Nachricht über ihre neue Liebe von ihr selbst erfuhr und nicht von Freunden im Hotel, fing Simone ihn noch am Bahnhof ab und weihte ihn ein. Fortan waren die Signoret und Montand unzertrennlich. 1950 erfolgte die Scheidung der ersten Ehe von Simone Signoret mit Yves Allégret. In jenem Jahr unterschrieb sie die „Stockholmer Erklärung" (Verbot aller Kernwaffen) und erhielt daraufhin Einreiseverbot in die USA.

1951 schloss Simone Signoret ihre zweite Ehe mit dem französischen Chansonnier und Filmschauspieler Yves

Montand. Die Hochzeitsfeier fand im Hotel „Colombe d'Or" in St.-Paul-de-Vence statt, wo sie sich verliebt hatten.
An der Seite von Yves Montand feierte Simone Signoret große Erfolge im Theater. Sie spielte mit ihm in Paris in dem Stück „Die Hexen von Salem" neben Alec Guiness (1914–2000) im Londoner „Royal Court Theatre" als Lady Macbeth.
Die „British Film Academy" zeichnete Simone Signoret für den Film „Casque d'or" (1952) als beste ausländische Darstellerin aus. 1956 erhielt sie für „Les diaboliques" den „L'etoille de cristal". Nach der sowjetischen Invasion in Ungarn 1956 reisten die Signoret und Montand in die Sowjetunion, um dem Politiker Nikita Chruschtschow (1894–1971) zu sagen, was sie davon hielten.
Das Theaterstück „Die Hexen von Salem" wurde 1957 als Koproduktion zwischen Frankreich und der „DDR" bei der „Deutschen Film AG" („DEFA") unter der Regie von Raymond Rouleaus mit Simone Signoret in der Hauptrolle verfilmt. Für diesen Streifen heimste Simone in Karlsbad (Karlovy Vary) einen Preis ein und wurde erneut von der „British Film Academy" zur besten ausländischen Darstellerin gekürt.
Für ihre glanzvolle Rolle in dem Film „Room at the Top" („Der Weg nach oben", 1959) erhielt Simone Signoret den „Oscar" als beste Schauspielerin, den Schauspielpreis des Filmfestivals in Cannes, den „D. W. Griffith Prize" und wurde zum dritten Mal von der

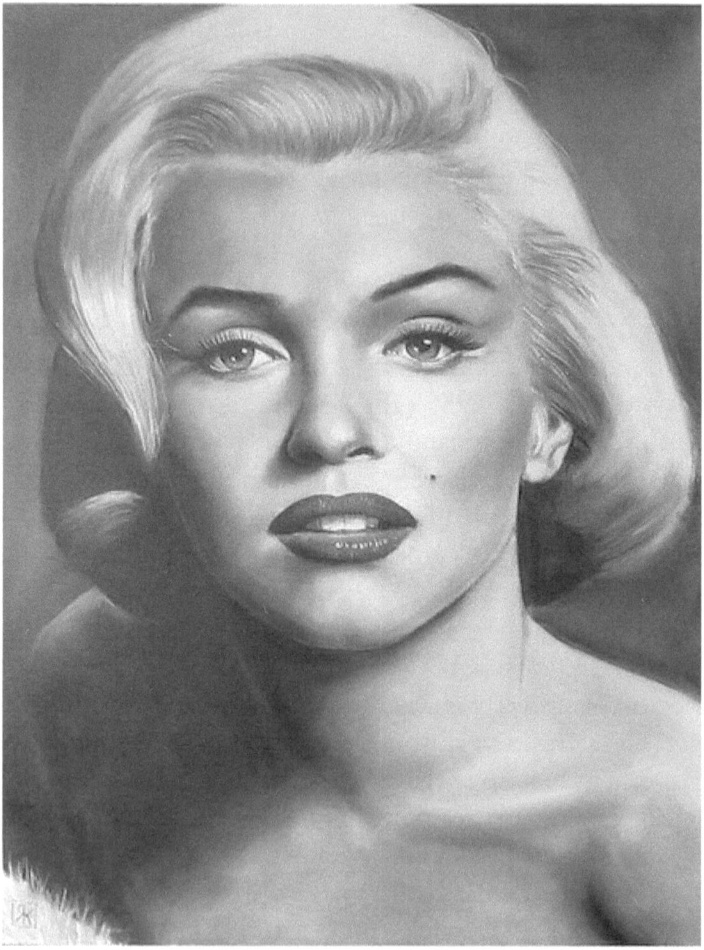

Marilyn Monroe (1926–1962

„British Film Academy“ als beste ausländische Darstellerin geehrt. In diesem Streifen verkörperte sie eine halb resignierte alternde Frau, deren hingebungs-volle Liebe zu einem ehrgeizigen jüngeren Mann für sie schicksalshaft wird.
Während der Dreharbeiten für den Film „Let's Make Love“ (1960) entwickelte sich eine Affäre zwischen Yves Montand und Marilyn Monroe (1926–1962). Weil viele Gazetten hierüber berichteten, erfuhr auch die Signoret von der Untreue ihres Gatten. Im Gegensatz zu früheren Seitensprüngen verzieh sie ihm diese Affäre nie.
1965 wurde Simone Signoret für „Ship of Fools“ („Das Narrenschiff“) unter der Regie von Stanley Kramer (1913–2001) für den „Oscar“ nominiert. Dieser Spielfilm erzählt die Geschichten verschiedener Passagiere eines Linienschiffes in den 1930-er Jahren. Mitwirkende waren außer Simone Signoret auch Vivien Leigh (1913–1967) mit ihrem letzten kleinen Auftritt sowie José Ferrer (1912–1992), Lee Marvin (1924–1987), Oskar Werner (1922–19849, Michael Dunn (1934–1973), Elizabeth Ashley, George Segal (1924–2000), José Greco (1918–2000) und Heinz Rühmann (1902–1994). Das Drehbuch des Films stammte von Abby Mann (1923–2008), der den gleichnamigen Roman der amerikanischen Schriftstellerin Anne Porter (1890–19809 als Vorlage genommen hatte.
Auftritte in den staatlichen französischen Medien blieben Simone Signoret wegen ihres linksorientieren politischen

Engagements versperrt. Nach dem Einmarsch der sowjetischen Truppen in die Tschechoslowakei und der Zerschlagung der polnischen Gewerkschaft „Solidarnosc“ distanzierte sie sich radikal vom Kommunismus. Mit ihrem Geld unterstützte sie oft Menschen, die wegen ihrer politischen Anschauungne Repressalien erdulden mussten.
Simone Signoret stand in etlichen Hollywood-Filmen vor der Kamera, bis ihre verwelkende Schönheit sie zu reiferen Charakterrollen zwang. In „Le chat“ („Die Katze“, 1971) spielte sie eine verbitterte Hausfrau. Für diese Rolle nahm sie 1971 bei den „Internationalen Filmfestspielen“ in Berlin den „Silbernen Bären“ entgegen. Als Putzfrau, die sich Tagträumen hingibt, sah man sie im Drama „Rude journée pour la reine“ („Ein schwerer Tag für die Königin“, 1973). Im Krimi „Les granges brûlees“ („Die Löwin und ihr Jäger“, 1973) lieferte sie als dominante Bäuerin ein Rededuell mit einem jungen Untersuchungsrichter, den Alain Delon darstellte. In „La vie devant soi“ („Madame Rosa“, 1977) verkörperte sie eine gealterte ehemalige Prostituierte, die auf die Kinder ihrer jungen Kolleginnen aufpasste. Für letzteren Streifen bekam sie 1978 einen „César“ und den italienischen Preis „David di Donatello“.
Aus der Feder von Simone Signoret stammen die Autobiografien „La nostalgie n'est plus qu'elle était“ („Ungeteilte Erinnerungen“, 1976) und „Le lendemain, cela étati souriante“ (1979) sowie der Roman „Adieu

Volodia" (1984), die alle Bestseller wurden. Ihr Roman schilderte das Schicksal jüdischer Imigranten aus Polen und Ungarn in Paris.
Je älter Simone Signoret wurde, um so intensiver wurde ihre Darstellungsweise. Es heißt über sie, sie sei wie ein guter Wein gereift und ihre Darstellungen seien nie gekünstelt gewesen. Meistens spielte sie einfache Menschen, welche die Herzen des Publikums eroberten. Kaum eine andere Schauspielerin bekannte sich so zu ihrem Älterwerden wie Simone Signoret. In einem ihrer letzten Interviews erklärte sie: „Ich sehe aus, wie viele Frauen in meinem Alter eben aussehen. Und das ist gut so". Von ihr stammt auch der Spruch: „Viele in der Branche haben zwar einen stammen Busen und Po, dafür aber einen schlaffen Geist".
Nach langer Krankheit erlag Simone Signoret am 30. September 1985 im Alter von 64 Jahren in Autheuil-Athouillet bei Paris einem Krebsleiden. Die „Frankfurter Allgemeine Zeitung" schrieb in ihrem Nachruf, ihrem Charakter habe offenkundig jener elementare Exhibitionismus gefehlt, der die Menschen normalerweise in das Filmmetier treibe. Sie sei in all ihren Rollen eher scheu und verhalten gewesen, was sie auch zu einer fast stockenden Sprecherin gemacht habe.
Simone Signoret wurde auf dem Prominentenfriedhof „Père Lachaise" in Paris beigesetzt. Dort hat man sechs Jahre später auch ihren Mann Yves Montand begraben. Die französische Post widmete Simone Signoret 1998

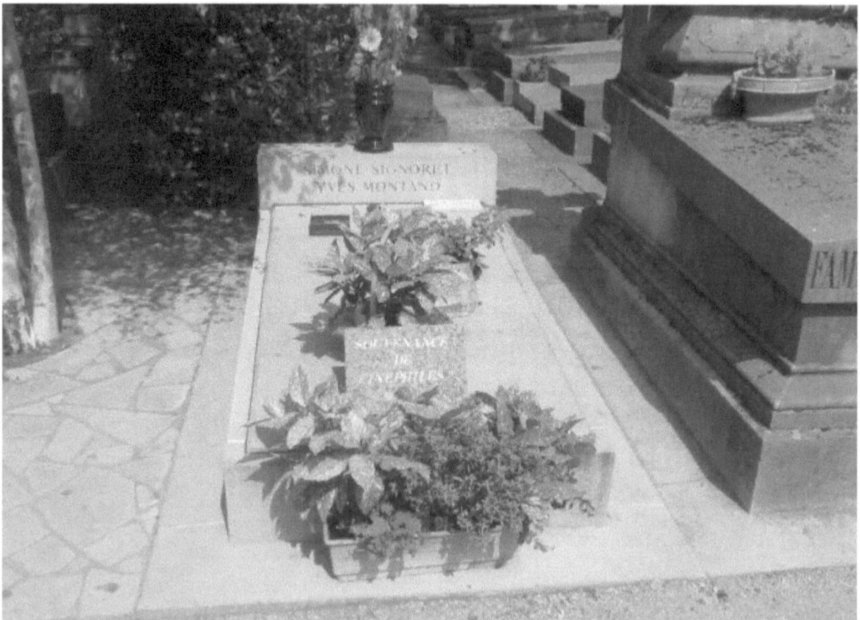

Gemeinschaftsgrab von Simone Signoret und Yves Montand auf dem Pariser Prominentenfriedhof „Père Lachaise"

in der Serie „Acteurs de cinéma français" neben Romy Schneider (1938–1982), Jean Gabin (1904–1976), Bernhard Blier (1916–1989), Luis de Funes (1914–1983) und Lino Ventura (1919–1987) eine Briefmarke.

Filme von Simone Signoret

(Auswahl)

1942: Boléro [im Abspann ungenannt]
1942: Le prince charmant
1942: Die Nacht mit dem Teufel (Les visiteurs du soir) [ungenannt]
1942: Der Wohltäter [ungenannt]
1942: Le voyageur de la Touissant [ungenannt]
1943: Adieu Lèonard
1944: Engel der Nacht
1944: Béatrice devant le désir
1944: Ein Fräulein vom Amt (Service de nuit)
1944: Le mort ne recoit plus
1945: La boîte aux rêves
1945: Le démons de l'aube
1945: Le couple idéal
1946: Zur roten Laterne (Macadam)
1947: Fanômas
1948: Against the Wind
1948: Schenke zum Vollmond (Dédée d'Anvers)
1948: Impasse des Deux Anges
1950: Eine Frau im Sattel (Manèges)

1950: Ein Seemann ist kein Schneemann (Swiss Tour)
1950: Der Reigen (La ronde)
1950: Sie war ihm hörig (Gunman in the Streets)
1951: ... Sans laisser d'adresse
1951: Ombre et lumière
1951: Unterwelt in Paris (Le traqué)
1951: Licht und Schatten (Ombre et lumière)
1952: Goldhelm / Die Sünderin von Paris (Casque d'or)
1953: Therese Raquin – Du sollst nicht ehebrechen (Thérèse Raquin)
1955: Mutter Courage und ihre Kinder
1955: Die Teuflischen (Les diaboliques)
1956: Un matin comme les autres
1956: Der Tod in diesem Garten / Pesthauch des Dschungels (La mort en ce jardin / La muerte en este jardin)
1957: Die Windrose
1957: Die Hexen von Salem (Les sorcières de Salem)
1959: Der Weg nach oben (Room at the Top)
1960: Adua und ihre Gefährtinnen (Adua e le compagne)
1960: Hunger nach Liebe (Les mauvais coups)
1961: Galante Liebesgeschichten (Amours célèbres)
1962: Barrabas (Barabba) [ungenannt]
1962: Spiel mit dem Schicksal (Term of Trial)

1963: Il giorno più corto [ungenannt]
1962: Nacht der Erfüllung (Le jour et l'heure / Il giorno e l'ora)
1962: Spiel mit dem Schicksal (Term of Trial)
1963: Bonbons mit Pfeffer (Dragées au poivre)
1965: Das Narrenschiff (Ship of Fools)
1965: Mord im Fahrpreis inbegriffen (Compartiment tueurs)
1966: Brennt Paris? (Paris brûle-t-il?)
1966: Anruf für einen Toten (The Deadly Affair)
1966: Satanische Spiele (Games)
1968: Die Möwe (The Sea Gull)
1969: L'américan
1969: Mr. Freedom [ungenannt]
1969: Armee im Schatten (L'Armée des ombres)
1970: Das Geständnis (L'aveu)
1971: Der Boss (Comptes à rebours)
1971: Die Katze (Le chat)
1971: Der Sträfling und die Witwe (La Veuve Couderc / L'evaso)
1973: Die Löwin und ihr Jäger (Les granges brûlées)
1973: Ein schwerer Tag für die Königin (Rude journée pour la reine)
1975: Das Fleisch der Orchidee (Le chair de l'orchidée)

1976: Im tödlichen Kreis (Police Python 357)
1977: Madame Rosa (La vie devant soi)
1978: Die letzte Ausgabe (Judith Therpauve)
1978: Mädchenjahre (L'adolescente)
1980: Liebe Unbekannte (Chère inconnue)
1982: Guy de Maupassant
1982: Das Geheimnis des Rubins (L'etoil du Nord)

Quelle: Wikipedia und Internet Movie Database

Zitate von Simone Signoret

Ein guter Rat ist wie Schnee, je sanfter er fällt, desto länger bleibt er liegen und desto tiefer dringt er ein.

Ich sehe aus, wie viele Frauen in meinem Alter eben aussehen. Und das ist gut so.

Ketten halten eine Ehe nicht zusammen. Es sind Fäden, Hunderte von dünnen Fädchen, die Menschen mit der Zeit aneinander binden.

Viele in der Branche haben zwar einen stammen Busen und Po, dafür aber einen schlaffen Geist.

Wölfe im Schafspelz erkennt man daran, dass sie ungeschoren bleiben.

Literatur

FEMBIO Frauen-Biographie-Forschung http://www.fembio.org

INTERNET MOVIE DATABASE (Film-Datenbank) www.imdb.com

PROBST, Ernst: Superfrauen 7 – Film und Theater, Mainz-Kostheim 2001

SIGNORET, Simone: Ungeteilte Erinnerungen, München 1978

PUBLIKUMSLIEBLINGE NICHT NUR VON GESTERN http://www.steffi-line.de

WIEGAND, Wilfried: Wie aus einem Gemälde Renoirs. Zum Tod der französischen Schauspielerin Simone Signoret. Frankfurter Allgemeine Zeitung, 1. Oktober 1985, Frankfurt am Main

WIKIPEDIA (Online-Lexikon) http://wikipedia.org

WINNERT, Derek (Herausgeber): Simone Signoret. Aus: Kino. Die große Welt der Filme und Stars, S. 158, Niedernhausen 1995

Bildquellen

Klaus Benz, Fotograf, Mainz-Laubenheim: 32

PROGRESS Filmverleih, Berlin (Postkarte): 1

J. B. Arrieu Albertini: 12 (via Wikimedia Commons), Lizenz: gemeinfrei

Arnaud25/CC-BY-SA3: 20 (via Wikimedia Commons), lizensiert unter CreativeCommons-Lizenz by-sa-3.0-de http://creativecommons.org/licenses/by-sa/3.0/legalcode

Ralf Krampe/CC-BY-SA2.0: 16, Ölgemälde von 2005, http://www.ralf-krampe.kulturserver-nrw.de (via Wikimedia Commons), lizensiert unter CreativeCommons-Lizenz by-sa-2.0-de http://creativecommons.org/licenses/by-sa/2.0.de/legalcode

Paulgypteau/CC-BY-3.0: 8 (via Wikimedia Commons), lizensiert unter CreativeCommons-Lizenz by-3.0-de http://creativecommons.org/licenses/by/3.0/legalcode

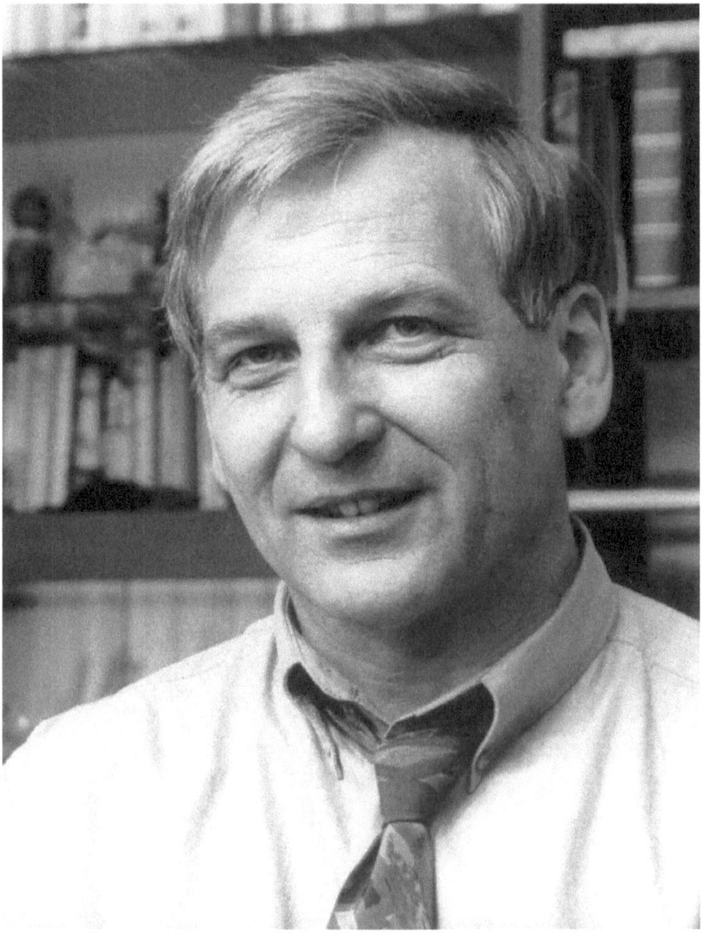

Autor Ernst Probst

Der Autor Ernst Probst

Ernst Probst, geboren am 20. Januar 1946 in Neunburg vorm Wald im bayerischen Regierungsbezirk Oberpfalz, ist Journalist und Wissenschaftsautor. Er arbeitete von 1968 bis 1971 als Redakteur bei den „Nürnberger Nachrichten", von 1971 bis 1973 in der Zentralredaktion des „Ring Nordbayerischer Tageszeitungen" in Bayreuth und von 1973 bis 2001 bei der „Allgemeinen Zeitung", Mainz. In seiner Freizeit schrieb er Artikel für die „Frankfurter Allgemeine Zeitung", „Süddeutsche Zeitung", „Die Welt", „Frankfurter Rundschau", „Neue Zürcher Zeitung", „Tages-Anzeiger", Zürich, „Salzburger Nachrichten", „Die Zeit", „Rheinischer Merkur", „Deutsches Allgemeines Sonntagsblatt", „bild der wissenschaft", „kosmos", „Deutsche Presse-Agentur" (dpa), „Associated Press" (AP) und den „Deutschen Forschungsdienst" (df). Aus seiner Feder stammen die Bücher „Deutschland in der Urzeit" (1986), „Deutschland in der Steinzeit" (1991), „Rekorde der Urzeit" (1992), „Dinosaurier in Deutschland" (1993 zusammen mit Raymund Windolf) und „Deutschland in der Bronzezeit" (1996). Von 2001 bis 2006 betätigte sich Ernst Probst als Buchverleger sowie zeitweise als internationaler Fossilienhändler und Antiquitätenhändler. Insgesamt veröffentlichte er rund 200 Bücher, Taschenbücher, Broschüren und E-Books.

Bücher von Ernst Probst

(Auswahl)

Als Mainz noch nicht am Rhein lag

Annie Oakley
Die Meisterschützin des Wilden Westens

Archaeopteryx. Der Urvogel
aus Bayern

Christl-Marie Schultes. Die erste Fliegerin in Bayern
(zusammen mit Theo Lederer)

Cortés und Malinche. Der spanische Eroberer
und seine indianische Geliebte

Der Europäische Jaguar

Der Mosbacher Löwe
Die riesige Raubkatze aus Wiesbaden

Der Rhein-Elefant
Das Schreckenstier von Eppelsheim

Die nordische Bronzezeit in Deutschland

Die Hügelgräber-Kultur in Deutschland

Die ältere Bronzezeit in Nordrhein-Westfalen

Die Bronzezeit in der Lüneburger Heide

Die Stader Gruppe

Die Oldenburg-emsländische Gruppe

Die Urnenfelder-Kultur in Deutschland

Die ältere Niederrheinische Grabhügel-Kultur

Die Unstrut-Gruppe

Die Helmsdorfer Gruppe

Die Saalemündungs-Gruppe

Die Lausitzer Kultur in Deutschland

Die Dolchzahnkatze Megantereon

Die Dolchzahnkatze Smilodon

Die Säbelzahnkatze Homotherium

Die Säbelzahnkatze Machairodus

Die Schweiz in der Frühbronzezeit

Die Rhône-Kultur in der Westschweiz

Die Arbon-Kultur in der Schweiz

Die Schweiz in der Mittelbronzezeit

Die Schweiz in der Spätbronzezeit

Dinosaurier von A bis K. Von Abelisaurus bis zu Kritosaurus

Dinosaurier von L bis Z. Von Labocania bis zu Zupaysaurus

Eiszeitliche Geparde in Deutschland

Eiszeitliche Leoparden in Deutschland

Frauen im Weltall

Hildegard von Bingen. Die deutsche Prophetin

Höhlenlöwen. Raubkatzen
im Eiszeitalter

Julchen Blasius
Die Räuberbraut des Schinderhannes

Katharina II. die Große.
Die Deutsche auf dem Zarenthron

Johann Jakob Kaup
Der große Naturforscher aus Darmstadt

Königinnen der Lüfte in Deutschland

Königinnen der Lüfte in Europa

Königinnen der Lüfte in Amerika

Königinnen der Lüfte von A bis Z

Rund 70 Kurzbiografien berühmter Fliegerinnen, Ballonfahrerinnen, Luftschifferinnen, Fallschirmspringerinnen, Astronautinnen und Kosmonautinnen

Königinnen des Films

Königinnen des Tanzes

Königinnen des Theaters

Malende Superfrauen
Meine Worte sind wie die Sterne

Die Entstehung der Rede des Häuptlings Seattle
(zusammen mit Sonja Probst)

Monstern auf der Spur
Wie die Sagen über Drachen, Riesen
und Einhörner entstanden

Neues vom Ur-Rhein
Interview mit dem Geologen und Paläontologen
Dr. Jens Sommer

Österreich in der Frühbronzezeit

Österreich in der Mittelbronzezeit

Österreich in der Spätbronzezeit

Pompadour und Dubarry. Die Mätressen
von Louis XV.

Raub-Dinosaurier von A bis Z.
Mit Zeichnungen von Dmitry Bogdanav
und Nobu Tamura

Rekorde der Urmenschen
Erfindungen, Kunst und Religion

Rekorde der Urzeit
Landschaften, Pflanzen und Tiere

Säbelzahnkatzen. Von Machairodus
bis zu Smilodon

Säbelzahntiger am Ur-Rhein. Machairodus
und Paramachairodus

Superfrauen aus dem Wilden Westen

Superfrauen 1 – Geschichte

Superfrauen 2 – Religion

Superfrauen 3 – Politik

Superfrauen 4 – Wirtschaft und Verkehr

Superfrauen 5 – Wissenschaft

Superfrauen 6 – Medizin

Superfrauen 7 – Film und Theater

Superfrauen 8 – Literatur

Superfrauen 9 – Malerei und Fotografie

Superfrauen 10 – Musik und Tanz

Superfrauen 11 – Feminismus und Familie

Superfrauen 12 – Sport

Superfrauen 13 – Mode und Kosmetik

Superfrauen 14 – Medien und Astrologie

Tony und Bruno Werntgen. Zwei Leben für die Luftfahrt (zusammen mit Paul Wirtz)

Was ist ein Menhir?
Interview mit dem Mainzer Archäologen
Dr. Detert Zylmann

Weisheiten der Indianer

Wer ist der kleinste Dinosaurier?
Interviews mit dem Wissenschaftsautor Ernst Probst

Wer war der Stammvater der Insekten?
Interview mit dem Stuttgarter Biologen
und Paläontologen Dr. Günther Bechly

Zenobia von Palmyra.
Eine Frau kämpft gegen die Römer